2ᵐᵉ ARMÉE DE LA LOIRE

Colonne Mobile de Tours, 15.000 Hommes

Général CAMÔ

Combats du 7 Décembre 1870

BATAILLE DE JOSNES, 8 DÉCEMBRE

RECTIFICATION D'ERREURS & D'OMISSIONS

faites par divers écrivains militaires et autres

PAR LE

GÉNÉRAL CAMÔ

PARIS
DENTU, Éditeur
Rue de Valois

MARSEILLE
LIBRAIRIE MARSEILLAISE
34, rue Paradis, 34

1888

GUERRE FRANCO-ALLEMANDE

2ᵐᵉ ARMÉE DE LA LOIRE

Colonne Mobile de Tours, 15.000 Hommes

Général CAMÔ

Combats du 7 Décembre 1870

BATAILLE DE JOSNES, 8 DÉCEMBRE

RECTIFICATION D'ERREURS & D'OMISSIONS

faites par divers écrivains militaires et autres

PAR LE

GÉNÉRAL CAMÔ

PARIS
DENTU, Editeur
Rue de Valois

MARSEILLE
LIBRAIRIE MARSEILLAISE
34, rue Paradis, 34

1888

AVANT - PROPOS

Un écrivain militaire disait il y a peu de temps
« qu'il était souvent bien difficile à un Général
« de voir ce qui l'intéresse et le concerne sur un
« champ de bataille. »

C'est ce qui est arrivé au général Chanzy et lui
a fait commettre des omissions et des erreurs dans
son livre sur la 2me armée de la Loire. M. de
Freycinet est tombé dans les mêmes erreurs en
les aggravant.

Les autres écrivains les ont copiés et ont ainsi
contribué à propager ces inexactitudes.

Cet écrit, que j'avais fait pour moi et que mes
amis m'ont vivement engagé à publier, comble
certaines lacunes, rectifie certains faits et rétablit
la vérité historique.

Général CAMÔ.

1870

2ᴹᴱ ARMÉE DE LA LOIRE

COLONNE MOBILE DE TOURS, 15.000 HOMMES

Commandée par le Général Camó

BATAILLE DE JOSMES, 8 DÉCEMBRE

(MESSAS-BEAUGENCY)

La colonne se composait de : un bataillon de chasseurs, cinq régiments d'infanterie, cinq régiments de cavalerie, cinq batteries, une compagnie d'éclaireurs.

Le cinq décembre mes troupes étaient bivaquées de Beaugency à Vernon en avant et près du ravin qui descend de Vernon à Beaugency.

Le 6 décembre mes avants-postes, qui s'étendaient jusqu'à Meung, Les Monts, Le Bardon et Grand-Châtre me signalèrent l'approche de l'ennemi venant d'Orléans par Saint-Ay. Je donnai l'ordre à mon corps de se porter en avant et d'occuper : à droite, Baulle et Foinard ; au centre, le château de Langlochère ; la gauche se prolongeant vers La Bourie et Beaumont.

L'ennemi se présenta vers midi, mais, se voyant en présence de forces supérieures, il se borna à une simple reconnaissance et se retira après quelques escarmouches.

Le 7 décembre l'ennemi revint avec des forces beaucoup plus considérables et le combat s'engagea. Il dura jusqu'à la nuit avec des chances diverses, mais enfin je finis par le repousser.

Sur certains points la lutte fut très vive : le village de Baulle fut pris et repris. L'ennemi était parvenu à entourer le château de Langlochère et à pénétrer dans les jardins, le 16ᵐʳ bataillon de chasseurs s'élança à l'attaque de cette position et l'enleva brillamment.

La batterie placée à la gauche faillit être enlevée malgré la troupe de soutien et courait de grands dangers, le 16ᵐ bataillon de chasseurs arriva au secours des canonniers et tous ensemble se précipitèrent sur l'ennemi, le repoussèrent et sauvèrent la batterie.

Plus tard l'ennemi revint avec des forces supérieures et me força à la retraite qui se fit en bon ordre ; mes jeunes soldats qui s'étaient battus toute la journée et qui n'avaient pas mangé depuis la veille n'avaient plus la force de combattre.

Dans le combat du 7 décembre mes troupes, composées de très jeunes soldats, quoique voyant le feu pour la première fois, avaient fait bonne contenance. Le général Chanzy et M. de Freycinet le constatèrent ; mais ces très jeunes soldats sans instruction suffisante, commandés par des cadres en partie inexpérimentés, étaient épuisés de fatigue, ils avaient été mal nourris, mal vêtus, quelques-uns n'avaient que des blouses et des pantalons de toile, la saison était rigoureuse et le froid les avait fait cruellement souffrir.

Par suite de toutes ces circonstances il était évident qu'ils supporteraient mal un nouveau choc le lendemain sur le terrain découvert qui s'étend en avant de Beaugency et que l'ennemi se disposait à balayer en tous sens par le feu des huit batteries qu'il venait de placer sur la rive gauche de la Loire entre le château de Flux et Beaugency ; en outre la division du général Barry, qui était venue se placer le 7 à Beaugency *sans que j'en fusse prévenu* et qui pouvait me soutenir avait disparue pendant la nuit (*toujours sans que j'en fusse prévenu*). Dans cette situation mes troupes auraient été tout à fait en l'air à 5 ou 6 kilomètres en avant de l'armée. L'ennemi pouvait nous attaquer à gauche par Bouric et Beaumont et nous tourner comme il avait déjà tenté de le faire le 7 (et c'est grâce au concours du général Deplauque placé à la droite du 16ᵐ corps que cette tentative fut déjouée) et de front par Lauglochère et Foinard, enfin à droite par Boulle et en même temps à revers par les huit batteries de la rive gauche. Je signalai cette situation à l'amiral Jauréguibérry, au Général en chef et au Ministre, leur faisant prévoir l'éventualité d'une retraite forcée en arrière de Beaugency. L'amiral Jauréguiberry l'avait bien compris car ses instructions me prescrivirent de tenir de Massas à la Loire, me laissant ainsi le choix du terrain intermédiaire. Je donnai l'ordre à mes troupes de se tenir prêtes à faire le lendemain un mouvement en arrière, mais néanmoins elles passèrent la nuit en avant du ravin de Vernon et non en arrière comme le dit par erreur le général Chanzy dans son ouvrage.

Je parcourus les bivacs afin de m'assurer que tout était en ordre, que les avant-postes avaient été placés et que l'on avait pourvu, autant que possible, au bien-être des hommes. Je fus longtemps occupé de ces soins avant de rentrer à Beaugency ou j'arrivai fort tard m'étant égaré dans l'obscurité : à mon retour la dépêche suivante me fut remise.

« EXTRÊME-URGENCE »

« *Guerre à Général Camó à Beaugency, 7 décembre, 7 h. s.* »

« D'après les indications qui me sont fournies, je vous
« signale comme extrêmement importante à *conserver* et
« à *garder* la position à 400 mètres en arrière de Beau-
« gency. C'est, paraît-il, la clef de la forêt de Marchénoir;
« elle prise, la forêt est tournée et Blois tombe le lende-
« main par Mer et Ménars. »

Cette dépêche rapprochée des instructions de l'amiral faisait cesser toute hésitation et me confirmait dans la pensée qu'il était nécessaire de prendre position derrière le ravin.

Je me rendis donc le 8 décembre avant le jour sur la route de Beaugency à Travers, et dès que le jour parut, je reconnus au premier coup d'œil que la berge gauche (celle du côté de l'ennemi) était abrupte et dominait la berge droite laquelle offre une pente douce, par conséquent il n'était pas possible d'assurer la défense du ravin en se plaçant au *bord même* du ravin d'où l'on avait aucune vue sur la plaine par où l'ennemi devait venir, il fallait donc s'élever sur le plateau de Rougemont qui est précisément la position dont parle la dépêche ci-dessus.

Sur ces entrefaites j'aperçus sur la route, venant à moi, un capitaine du Génie, accompagné d'un détachement de cette arme conduisant des prolonges chargées d'outils de terrassement. Cet officier me fit lire un ordre ministériel qui lui prescrivait de se mettre à ma disposition pour élever des retranchements sur la position en avant de la ferme de Rougemont située en arrière du ravin et que mes troupes *devaient* occuper.

Nous parcourûmes ensemble, avec le commandant de mon artillerie, la position que nous jugeâmes excellente, les batteries qui devaient y être placées pouvaient facilement porter leurs feux sur la plaine située de l'autre côté du ravin et qu'elles dominaient. (Voir les cotes sur la carte, cote du plateau 114, cote de la plaine 108). En outre, un mouvement de terrain allongé (cote 121) s'élevant à l'extrême droite, au bord et dans le sens du cours de la Loire, était admirablement disposé pour dérober les troupes à la vue des batteries que l'ennemi avait placées sur la rive gauche du fleuve. Des tranchées pour l'infanterie et des épaulements pour l'artillerie furent immédiatement établis par les mobiles du 72ᵐᵉ régiment sous la direction des soldats du Génie; le capitaine du Génie leur avait fait distribuer les outils que ses prolonges avaient apportés à cet effet.

La ligne de bataille occupée par mes troupes était donc: à droite, une batterie sur le sommet du mouvement de terrain (cote 121) protégée par le 16ᵐᵉ bataillon de chasseurs à pied placé sur le revers près de la route à l'entrée de Beaugency dont il soutenait les défenseurs.

Un fort détachement à Beaugency avec mission d'en défendre les abords et de surveiller le cours du fleuve.

Une batterie sur la route et le chemin de fer.

Le 72ᵐᵉ mobiles en avant de Rougemont, sa droite touchant la route.

Au centre : le 27ᵐᵉ mobiles en avant de Clos-Moussu.

Le 88ᵐᵉ mobiles en avant de Pierre-Couverte.

La gendarmerie en réserve à Clos-Moussu.

La cavalerie en arrière du 27ᵐᵉ entre Clos-Moussu et Pierre-Couverte.

Une batterie en avant de Clos-Moussu. Un autre à gauche du 88ᵐᵉ.

A gauche : le 59ᵐᵉ de ligne à Vernon et Messas, et les éclaireurs de l'Ain chargés de la défense extérieure de Messas.

Une batterie à Messas. (Voir note A).

Mes troupes tinrent sur les positions indiquées ci-dessus pendant toute la journée du 8 décembre ; le village de Messas fut vigoureusement défendu jusqu'à ce que l'incendie en chassât les défenseurs parmi lesquels se trouvaient les vaillants éclaireurs de l'Ain dont le chef, le capitaine Jayr, fut criblé de blessures, il fut décoré pour ce fait d'armes ainsi que plusieurs sous-officiers et soldats. Ils étaient partis cent cinquante le matin, il en revint cinquante le soir.

Les batteries de l'ennemi placées sur la rive gauche de la Loire, ne pouvant canonner mes troupes par un tir direct contre lequel elles étaient protégées par le mouvement du terrain parallèle au fleuve, leur envoyait au moyen d'un tir courbe, des obus dont un certain nombre tomba au milieu des rangs des mobiles et de la réserve, mais naturellement ce tir était très incertain.

Les éclats d'un de ces projectiles m'atteignirent ainsi que mon cheval sous lequel je fus renversé et grièvement blessé. Cette chute et le poids de mon cheval produisirent un écrasement de mes reins et une violente commotion de la colonne vertébrale et, par suite, un affaiblissement notable des facultés intellectuelles; je perdais beaucoup de sang par les voies inférieures. Néanmoins je me fis remettre en selle pour maintenir la confiance parmi mes troupes jeunes et toujours très impressionnables, et je continuai à exercer le commandement. Ce fut de ma part un tort d'avoir trop présumé de mes forces car je n'avais plus toute ma liberté d'esprit à cause des douleurs que j'éprouvais et de l'ébranlement causé par la chute, mais, on comprendra facilement mon obstination à ne pas abandonner la partie. Plus tard, à la nuit close, mon cheval heurtant une barrière en fil de fer culbuta et se roula sur moi.

Dès lors je fus incapable de continuer; l'on me transporta à Tavers et de là à Mer sur une charrette dans un état de prostration absolue et glacé jusqu'à la moelle des os par le froid rigoureux qui sévissait.

Mes officiers d'ordonnance eurent beaucoup de peine à joindre le général Tripart qui commandait ma cavalerie, pour lui faire connaître ce qui venait de m'arriver et lui remettre le commandement. Pendant cet intervalle il y eut de l'hésitation et du désordre dans mes troupes qui restaient sans direction et parmi lesquelles le bruit courait que j'avais été tué; mais il est inexact qu'elles aient été mises en déroute comme on l'a prétendu, puisqu'elles ont combattu avec succès le 10 à Tavers et le 15 à Vendôme, sur le plateau du Temple, où elles furent engagées toute la journée; j'avais alors repris le commandement depuis le 11 sur les instances de l'amiral et malgré mes souffrances.

On a prétendu que le détachement situé à Beaugency s'était retiré sans combattre; cela est inexact. J'ai pu constater du haut de l'éminence (121) qu'au milieu du jour un feu très vif de mousqueterie était échangé avec l'ennemi pendant longtemps du côté de la grande route, et qu'à ce moment, et plus tard encore, les batteries ennemies tiraient sans relâche sur Beaugency, ce qui indiquait qu'il voulait avoir raison d'une défense opiniâtre. C'est quelque temps après que je fus blessé, je ne pus donc suivre les péripéties de la lutte. Mes troupes restaient sans direction et cependant l'ennemi ne délogea le détachement qu'à la nuit, après une vive résistance et après avoir reçu du renfort.

Ce que je viens de dire est confirmé par les Allemands dans l'ouvrage du Grand État-Major Prussien, dont voici un extrait :

« *IVme vol., page 624.* — Quand la 17me division des trou-
« pes bavaroises recevait à midi 1/2 l'ordre du Grand Duc
« de se diriger sur Beaugency, le général Treskow mettait
« son avant-garde en marche par la grande route ; à l'ou-
« est de celle-ci les 1er et 2me bataillons du 75me se portaient
« à l'attaque de Messas après que la 6me batterie lourde et
« la 1re batterie à cheval eurent cannoné le village pendant
« un certain temps ; les deux bataillons y pénètrent au
« sud et à l'est, mais ils s'y heurtent à une résistance opi-
« niâtre dont ils n'avaient entièrement raison qu'à la tom-
« bée de la nuit. Les défenseurs essayèrent d'un court
« retour offensif pour reprendre la position, mais le feu
« rapide des bataillons du 75me les contraignit à faire volte
« face.

« Pendant ce temps l'avant-garde avait ouvert le feu de
« ses deux batteries contre un mouvement de terrain que
« l'ennemi occupait fortement au N. O. de Beaugency.
« Peu après la 6me batterie légère et la 1re à cheval commen-
« çaient de leur côté à canonner, de la Margottière, des
« masses épaisses postées près de Vernon. Le 2me bataillon
« du 90me s'élançant ensuite à l'attaque emporte la position
« au prix de pertes sensibles, et s'y maintient contre plu-
« sieurs efforts des Français pour l'en déloger.

« Le 14me bataillon de chasseurs, qui marchait en tête de
« l'avant-garde s'était rapproché jusqu'à 400 pas de Beau-
« gency, et, après un long combat de mousqueterie sur la
« grande route, il avait pénétré dans la ville par le côté du
« fleuve ; mais parvenus au chemin de fer les chasseurs y
« rencontraient de nouveau une vive résistance qu'ils ne
« surmontèrent que grâce au 1er bataillon du 89me et des
« fusiliers du 75me.

« Dans le courant de la journée les 8 batteries de ce corps
« d'armée avaient canonné Beaugency jusqu'au moment de
« son occupation par la 17me division. »

M. de Freycinet a omis de citer dans ses écrits, la dépêche urgente reproduite ci-dessus et qui est catégorique, il en a noyé quelques lambeaux dans d'autres de manière à lui ôter toute sa valeur et son importance ; celles qu'il reproduit n'avaient évidemment pour objet que de répondre à celle par laquelle je lui faisais connaître l'état physique et moral de mes troupes le 7 Décembre au soir, et parlais de l'eventualité d'une retraite forcée sur *Tavers* ou *Mer*, mais encore dans ces dépêches qu'il cite il revient avec persistance sur l'urgence d'occuper la position en arrière de Beaugency ; tout le monde comprendra que cela voulait dire en deux mots : « ne vous retirez pas sur Mer sans ordre du Général en chef, » mais je vous indique une position dont l'occupation est capitale.

Et comme cette position était juste derrière le ravin où l'Amiral avait l'intention que je tinsse bon, il n'y avait pas à hésiter.

Je n'ai aucun souvenir d'avoir reçu les deux dépêches que cite M. de Freycinet, et, les eussé-je reçues elles n'auraient pas modifié ma conduite : agir autrement c'eût été m'exposer certainement à un désastre, même avec de vieilles troupes.

M. de Freycinet dit que le capitaine du génie est une invention, un mythe ; mais tous les officiers de mon état-major l'ont vu, ainsi que le Commandant de mon artillerie qui a reconnu le terrain avec lui, ainsi que les officiers du 72ᵐᵉ mobiles dont les soldats ont construit les épaulements et les tranchées sous sa direction et avec les outils qu'il avait apportés, car nous n'en avions pas. C'était un homme de taille moyenne, pâle, barbe noire, il était très au courant de la position de Rougemont, soit qu'il ait eu l'occasion de l'étudier sur le terrain antérieurement, soit qu'elle lui ait été très bien expliquée sur la carte lorsqu'on le chargea d'une mission près de moi. Le sous-officier qui commandait le détachement de sapeurs venus avec lui était vieux, barbe grise.

Nous n'avons pas rêvé tout cela !

Le capitaine est allé au quartier général de l'amiral Jauré-guiberry, puis à celui du Général en chef, les officiers de ces états-majors lui ont parlé. — A moins qu'ils n'aient rêvé aussi !

NOTES

Note A. — La batterie que j'avais placéé à Messas avec le 59ᵐᵉ de ligne quitta ce régiment le 8 à la nuit sans ordre, elle était attachée à ce régiment et ne devait pas le quitter, son Capitaine se dirigea sur Vernon où il rencontra M. Bourcart, chef de bataillon au 39ᵐᵉ de ligne dont le régiment formait l'extrême droite de l'amiral et qui touchait à l'un de mes régiments non loin de Grand-Bonvalet. Il lui demanda de lui indiquer la route pour se rendre à mon quartier général, le Commandant la lui indique en le prévenant que l'ennemi n'était pas loin et que par conséquent il devait prendre les plus grandes précautions pendant sa marche. Le capitaine se trompa de route dans l'obscurité et tomba au milieu d'un parti ennemi qui fit la batterie prisonnière. Il avait négligé de se faire précéder d'une avant-garde et de mettre des éclaireurs sur ses flancs ; il avait pourtant une escorte de 200 hommes commandée par un Capitaine.

Note B. — Il est dit dans l'ouvrage du général Chanzy que l'on était sans nouvelles de moi. Cette assertion est inexplicable car je touchais par ma gauche à Vernon et Massas, à la droite du 16ᵐᵉ corps qui était en avant de Grand-Bonvalet, d'où l'on entendait mon canon et d'où l'on voyait la défense de Messas. Cela a fait croire à plusieurs auteurs d'ouvrages sur cette guerre que j'occupais une position assez distante du champ de bataille tandis qu'au contraire mon corps touchait le 16ᵐᵉ corps se prolongeant de Massas à la Loire suivant le bassin de Vernon ; je n'avais fait qu'infléchir ma droite, la gauche restant toujours à Massas.

Note C. — On lit dans l'ouvrage du général Chanzy que, d'après le rapport d'un officier d'ordonnance, il y avait à Beaugency une grande quantité d'armes abandonnées. Ces armes, dont personne dans la colonne n'a signalé l'existence, n'appartenaient pas, à coup sûr, à des hommes de la colonne mobile qui, à Tavers, à Mer, à Ste-Anne, et à la bataille de Vendôme avaient tous leur armement et leur équipement au complet. Elles devaient provenir de troupes se repliant d'Orléans en désordre après la prise de cette ville par les Allemands.

Note D. — Il paraîtra sans doute singulier que je

correspondisse directement avec le Ministre, en voici l'explication :

Le corps que je commandais fut formé à Tours pour protéger la ville et le pays environnant contre les entreprises de l'ennemi à une assez grande distance, de là, son nom de colonne mobile de Tours. Cette colonne était sous les ordres directs du Ministre, avec lequel je correspondais. Depuis elle fût envoyée à l'armée de Chanzy comme force auxiliaire et y avait une existence propre. Lorsque je quittai Tours je reçus l'ordre de continuer à correspondre avec le Ministre.

Plus tard cette colonne fut incorporée dans le 16me corps sous les ordres de l'amiral Jauréguiberry.

Note E. — Pendant que j'étais à Mer je me préoccupais beaucoup des mouvements de l'ennemi sur la rive gauche de la Loire : pendant la nuit du 9 au 10 Décembre je fis faire de nombreuses reconnaissances le long du fleuve de Mer à Blois par Suives, Cour sur Loire, Ménars, St-Denis et la Chaussée.

Le résultat positif de ces reconnaissances, exécutées avec beaucoup d'intelligence par les officiers qui en furent chargés, fut que :

1° Une forte colonne ennemie, venant d'Orléans, descendait la Loire sur la rive gauche par Muides, St-Dié, Monlivant et St-Claude.

2° Une longue ligne de feux, qui, contrairement aux habitudes de l'ennemi, étaient considérables, s'étendait de Muides à St-Claude ; il était évident que ces feux avaient pour objet de nous donner le change en masquant le mouvement de troupes qui se faisait derrière eux ;

3° Sur certains points où la route se rapproche du fleuve on entendait le roulement d'un long convoi de voitures ; on pût même en distinguer quelques-unes, elles étaient très longues, attelées de 6 à 8 chevaux et portaient une charge qui paraissait être des bateaux ; les conducteurs fouettaient vivement les attelages.

4° La tête de colonne du convoi dépassait Blois et se dirigeait vers Ambroise.

Tous ces indices donnaient à penser que l'ennemi avait l'intention de tenter le passage de la Loire. En effet, en aval de Mosnes, trois îles se trouvent dans le lit du fleuve et peuvent faciliter l'établissement d'un pont de bateaux.

En outre un riche propriétaire de St-Avignan (vallée du

Cher) vint annoncer que le Prince Frédéric-Charles s'y trouvait avec 40.000 hommes, paraissant se diriger sur Blois ou Tours. Je transmis immédiatement ces renseignements au Ministre et au Général en chef ; ils étaient d'une extrême importance car ils faisaient pressentir que l'ennemi voulait tourner l'armée et surprendre le Gouvernement à Tours. Je pensais que le Ministre me féliciterait de ma vigilance, pas du tout ! Il m'adressa une dépêche pour me donner ces renseignements comme s'ils venaient de lui et comme pour m'inviter à me tenir en garde. Est-ce assez étrange ! ! !

Note F.

Extrait d'un rapport du capitaine Jayr, commandant les Eclaireurs de l'Ain à Messas le 8 Décembre.

........Pardonnez-moi, mon très respecté et très cher Général, la longueur de ces détails, et je ne puis me défendre (ce qui est bien osé de moi à vous) de vous payer mon tribut d'admiration, moi qui vous ai vu si brave, si entrainant, si héroïque ; et je ne veux point terminer sans vous raconter une chose horrible et qui dépasse tout ce que les journaux ont dit jusqu'ici de la barbarie prussienne.

Les Prussiens, en fureur de notre défense et de la mort d'un de leurs principaux chefs, ont fait brûler un petit poste de trois hommes, placé à peu de distance de mon poste, dans la maison Gaillard. Le premier des trois a été brûlé vif et exprès après avoir été placé dans la petite écurie Gaillard entre un bœuf et un cheval. Le pauvre martyr subissait les flammes et les ruades tandis que les Prussiens l'empêchaient, joyeux, de sortir par la porte ouverte !

Les deux autres ont été attachés ensemble et brûlés sur l'escalier de pierre de la même maison Gaillard.

Signé : Paul Jayr, Capitaine,

Commandant les Eclaireurs de l'Ain.

PRÉFECTURE MARITIME

5ᵐᵉ arrondisᵗ

CABINET
du
PRÉFET

EXTRAIT

d'une lettre de l'Amiral JAURÉGUIBERRY

Commandant le XVIᵐᵉ corps d'Armée

Je n'ai jamais eu que des éloges à adresser au général Camô pendant le temps, trop court au gré de mes désirs, qu'il a passé dans la deuxième armée de la Loire. Il commandait la colonne mobile de Tours, forte d'environ 15.000 homme, et se trouvait sous mes ordres dans le XVIᵉ corps.

Il a pris une part aussi glorieuse qu'active dans le combat du 7 décembre en avant de Messas, et le lendemain à la bataille de Josnes. Ses troupes opéraient à l'extrême droite de l'armée en avant et à côté de Beaugency. Blessé, le 8 décembre, par suite d'une chute de son cheval qu'un éclat d'obus venait de renverser sur lui, il a été forcé de renoncer pendant deux jours à l'exercice de son commandement ; mais le 11, quoique très souffrant, il s'est remis à la tête de ses troupes dans le mouvement de retraite que nous opérions, en défendant le terrain pied à pied, de Mer à Pontijoux et à Vendôme.

Le 15 décembre nous livrions la bataille de Vendôme ; le Général Camô est resté à cheval jusqu'au moment où, à 7 heures du soir, l'ennemi repoussé sur toute la ligne occupée par le 16ᵉ corps, se repliait hors de la portée de nos feux (1). Accablé de fatigue et brisé par les douleurs que lui causait sa blessure, il s'est décidé à me prier de le remplacer.

Vous le voyez, le Général Camô a bien mérité de la France. C'est avec un vif regret que je me suis séparé de lui le 16 Octobre à Vendôme.

Toulon, le 11 juillet 1871.

LE VICE-AMIRAL, PRÉFET MARITIME,

Ex—commandant du 16ᵐᵉ corps de la 2ᵐᵉ Armée de la Loire.

Signé : **JAURÉGUIBERRY**

---

(1) Le corps du Général Camô a supporté tout le poids de la journée.